AF457573

NOTICE HISTORIQUE

SUR L'ORIGINE

DE LA NATION MARONITE

ET SUR SES

RAPPORTS AVEC LA FRANCE,

SUR LA NATION DRUZE ET SUR LES DIVERSES POPULATIONS

DU MONT LIBAN,

PAR S. G. Mgr NICOLAS MURAD,

ARCHEVÊQUE MARONITE DE LAODICÉE,

REPRÉSENTANT DE SA NATION PRÈS LE SAINT SIÉGE.

Seconde Edition.

PRIX : 1 FR.

Au profit des Pauvres de la Nation Maronite.

PARIS.

LIBRAIRIE D'ADRIEN LE CLERE ET Cie,

IMPRIMEURS DE N. S. P. LE PAPE ET DE Mgr L'ARCHEVÊQUE DE PARIS,

RUE CASSETTE, N° 29, PRÈS SAINT-SULPICE.

1844.

R C 131 A.

A SA MAJESTÉ

LOUIS PHILIPPE IER,

ROI DES FRANÇAIS.

SIRE,

Depuis le roi Louis, de sainte mémoire, tous les rois très-chrétiens ont honoré de leur puissante protection les Maronites du Liban, dont jamais la reconnaissance ne s'est démentie.

Permettez, SIRE, *que je place sous la protection de Votre Majesté une OEuvre destinée à faire connaître et apprécier en France cette nation dévouée. Votre Majesté, nous l'espérons, ne fera pas seulement pour nous ce qu'ont fait ses augustes prédécesseurs; nous aimons à attendre plus encore de sa haute habileté et de son influence personnelle.*

La nation maronite et moi nous ne cesserons jamais de prier le Très-Haut pour la conservation et le bonheur de Votre Majesté et de son auguste famille.

Je suis avec un profond respect,

SIRE,

De Votre Majesté

Le très-humble
et très-obéissant serviteur,

† NICOLAS MURAD
Archevêque Maronite de Laodicée.

NOTICE HISTORIQUE

SUR L'ORIGINE

DE LA NATION MARONITE

ET SUR SES

RAPPORTS AVEC LA FRANCE,

SUR LA NATION DRUZE ET SUR LES DIVERSES POPULATIONS

DU MONT LIBAN.

La nation maronite tire son origine d'un saint anachorète appelé *Marone*, lequel existait vers la fin du IVe siècle, et dont le nom était en grande vénération au Liban et dans toute la Syrie.

Théodoret exalte sa piété ; les Pères du concile de Chalcédoine l'ont mentionné avec éloge, et saint Jean Chrysostôme, lumière de l'église orientale, loue, dans sa trente-sixième lettre, ses vertus héroïques en se recommandant à ses prières. Saint Bazile et saint Jérôme n'en ont pas parlé avec moins d'enthousiasme ; le Ménologe grec et le Martyrologe romain le placent au nombre des Saints ; et le père Rosveïdo, qui en a fait un élégant panégyrique, en raconte les miracles.

Suivant la relation de Maxime, archevêque de

Chypre, saint Marone a fondé en Syrie un grand nombre de couvens devenus plus tard autant de séminaires d'où sont sortis, pour l'Eglise, des hommes distingués par leur sainteté et par la pureté de leur doctrine, ainsi qu'il a été reconnu au second concile de Constantinople auquel ils ont pris part.

Le plus célèbre parmi ces couvens est celui qui, sous le règne de l'empereur Marcien, fut érigé près des rives de l'Oronte, en mémoire de saint Marone. C'est de là que sortirent, entr'autres victimes, les trois cent cinquante martyrs courageux qui, sous les empereurs Sévère et Anastase, versèrent leur sang pour la foi orthodoxe, ce qui est mentionné dans le Martyrologe romain, à la date du 31 juillet. Un couvent non moins digne de vénération est celui qui fut fondé à Constantinople et dont les moines, pour faire triompher la foi de leurs ancêtres, surent résister à Nestorius et à Jacques Béradée, chef de la secte des Séveriens, et prirent ensuite le nom de Maronites, à l'exemple des Eustasiens, défenseurs du concile de Nicée.

S'il est, en Orient, une nation qui puisse se glorifier d'avoir toujours et partout professé, d'un sentiment unanime et avec une fermeté inébranlable, la sainte foi orthodoxe et de n'avoir jamais varié dans la discipline, c'est sans contredit la seule nation maronite, ce que prouvent jusqu'à la dernière évidence les monumens les plus authentiques, les plus sacrés. Et cette foi de leurs ancêtres, les Maronites la conservent aujourd'hui encore, et en tous lieux, saine, pure, sans tache, et avec une telle uniformité de sentimens, que, quelque nombreux qu'ils aient été et soient en ce moment, quelque environnés qu'ils se voient de toutes parts, d'infidèles, d'hérétiques, de schismatiques, jamais, relativement à la foi, le moindre différend ne s'est élevé parmi eux, jamais aucun schisme ne les a désunis, jamais enfin un seul d'entre eux n'a altéré la pureté de la doctrine catholique, ce qui est attesté d'une manière non équivoque par le témoignage ci-après d'un souverain pontife.

C'est donc à tort et sans aucun fondement, que la nation maronite a été accusée d'avoir, dans un temps, professé le monothélisme: cette assertion est pleinement et victorieusement réfutée par les historiens les plus respectables et par les documens émanés des plus savans pontifes. Parmi nombre d'ouvrages où cette question se trouve habilement traitée et éclaircie, on peut lire celui qu'a publié récemment le professeur Dom Jean-Baptiste Palma. (Tom. II. *Prælect. hist. eccl.* pages 138 et suiv.)

Ce savant écrivain démontre clairement dans son consciencieux ouvrage que Mosheim, comme tant d'autres, s'est gravement trompé en prétendant que la nation maronite fut, dans un temps, infectée de cette hérésie, et en alléguant comme preuve, à l'appui de son assertion, le nom ou surnom de *Mardaïti* donné quelquefois à ce peuple, mot qui, en langues arabe et syriaque, signifie *rebelles*.

Que si ce surnom, ajoute le même auteur, a été en effet donné une fois à la nation maronite, ce n'est nullement une indication ou une accusation d'hérésie à elle attribuée, ce que tout autre mot eût plus clairement signifié ; il vient uniquement de ce que, mécontens de Constantin Pogonato, inhabile ou insouciant à défendre leur pays contre les incursions des Sarrasins qui, une fois maîtres de Damas, infestaient le Liban, les Maronites se révoltèrent contre ce prince. A cette époque, en effet, on les voit prendre les armes, s'emparer de Damas, chasser de leurs montagnes les Sarrasins et tous les autres hérétiques, et cela en vertu d'un décret émané de leurs évêques, lequel, pour la conservation de la vraie foi, interdisait à tous les infidèles le séjour dans le Liban. Ainsi qu'on le lit dans la chronique des Maronites et que le démontre positivement Faustus Naïrone. (*Diss. de orig. nom. ac relig. Maronitarum*. Romæ 1679.)

Telle est, dit le Pagi en 676, l'unique origine de ce surnom de *Mardaïti* donné d'ailleurs par les hérétiques seuls à la nation maronite. En effet, comme le remarque fort bien Naïrone, ce surnom ne se trouve mentionné aucunement dans l'histoire, soit avant le règne de Pogonato, soit après que les Maronites furent revenus à l'obéissance envers l'empereur. D'où il résulte clairement que le mot de *Mardaïti* n'est autre qu'une épithète qualificative, en un temps seulement, de la conduite politique et non de la croyance du peuple maronite, et que ce serait se tromper grossièrement que d'employer un nom pour l'autre.

Une preuve de plus, à l'appui de cette opinion, se trouve consignée dans le livre, cité plus haut, du savant Palma, qui fait justice de cette calomnie en rapportant l'opinion de plusieurs écrivains célèbres, de Joseph Assemanni entre autres, orientaliste des plus instruits. (*Biblioth. orient.*, pag. 293.) On lit, en effet, dans cet auteur, que les plus anciens calendriers maronites fournissent à eux seuls une preuve sans réplique de l'aversion professée en tout temps par les Maronites contre la secte des Monothélites ; puisque, dans ces anciens livres ecclésiastiques de la nation, une mention particulière est faite, à titre de pieux souvenir, du sixième concile général, celui qui eut lieu dans le but de condamner cette secte et ses erreurs, et qu'une place y est assignée au nom de tous les Saints qui ont résisté avec vigueur au monothélisme, tels que : Sophronius, archevêque de Jérusalem, dont on célèbre la mémoire le 13 mars; André Conographo, à la date du 4 juillet; Maxime, martyr, le 13 août, et saint Martin, premier martyr, à la date du 3 avril. Dans ces calendriers, au contraire, comme le remarque le même Assemanni, il n'est fait aucune mention de ceux qui favorisèrent la fausse doctrine du monothélisme. Il est donc juste et vrai de reconnoître que la croyance des Maronites ne peut être suspectée; qu'elle resta constamment la même, une et invariable, et que le peuple demeura toujours profondément respectueux et soumis envers l'Eglise romaine, mère et maîtresse de toutes les Eglises.

Plus tard, lorsque cette nation, considérablement accrue et devenue maîtresse de la Syrie et de la Phénicie, comme le rapportent Théophane, Codrénus, le patriarche Etienne Edénensé et autres, se fut décidée à élire un patriarche particulier, pour se garantir de toute contagion, (comme dit l'illustre pontife Benoît XIV, dans son allocution au consistoire du 13 juillet 1744,) « *Quo se ab eâ contagione* (l'hérésie des Monothélites) *integros servarent* », ce qui advint l'année 686, dans la personne de saint Jean Marone, l'un des moines du couvent de Saint-Marone, on voit alors l'acte d'élection de ce patriarche soumis à l'examen du pape Sergius, qui occupait le siége de saint Pierre, pour en obtenir la confirmation en même temps que le *Pallium*. Cette confirmation eut lieu en effet, et le pieux patriarche dut à ses vertus, à une vie sainte et sans reproche, d'être canonisé à sa mort; les Maronites en célèbrent la fête le 2 du mois de mars. On vit plus tard le pape Pie VII accorder indulgence plénière le jour de cette fête à tous les fidèles en état de grâce qui, à son intention, visitent une église maronite, se confessent et y reçoivent la communion, comme plusieurs autres pontifes l'avaient fait précédemment en l'honneur de saint Marone l'anachorète, dont la fête se célèbre le 9 du mois de février.

Cette soumission au souverain Pontife, cette reconnaissance de sa primauté de juridiction sur l'Eglise universelle, attestées par la circonstance de l'élection du premier patriarche maronite, la nation entière ne s'en est jamais départie, et les a jusqu'à ce jour constamment professées. Que si elle a renouvelé ensuite, et à plusieurs époques, les actes et assurances de son union avec le Saint Siége, elle a suivi en cela la conduite de tous les Latins à cette même époque, elle a voulu seulement donner, comme ceux-ci, au souverain Pontife « un nouveau et fervent témoignage de son » dévouement, de son respect, de son attache- » ment pour le culte de l'unité catholique, » comme le reconnaît Benoît XIV dans la lettre ci-dessus.

Le patriarche maronite fut ensuite déclaré patriarche d'Antioche par les souverains Pontifes, ce qui eut lieu plus particulièrement alors que, la ville d'Antioche ayant été conquise par le cruel Bandécar, soudan d'Egypte, le patriarche Elie de nation latine (qui en 1243 avait succédé à Régnier), le clergé et la population en partie française se furent retirés dans le mont Liban habité par les Maronites.

Simon, alors patriarche du Liban, accueillit avec bonté le troupeau dispersé, et le traita avec cette douceur et cette affection que, de tout temps, les Maronites ont témoignées aux nations d'Europe et aux Français en particulier. Il leur donna des vivres, des habitations et tout ce qui leur devenait nécessaire, ainsi qu'il est d'usage chez les Maronites, dont le caractère hospitalier et généreux est à bon droit renommé, ce qu'attestent de nombreux documens et les relations des voyageurs. Le patriarche Simon leur fit encore présent de terres à cultiver, et les aida de tout son pouvoir dans la construction d'églises et de *lieux pies*, là où ils s'étaient réfugiés.

Le pontife Alexandre IV ayant reçu du vertueux patriarche l'avis de tous ces événemens et de la situation de ces chrétiens toujours obéissans et respectueux envers le Saint Siége apostolique, lui envoya pour réponse, avec les éloges les plus flatteurs, sa nomination au patriarcat d'Antioche (ainsi qu'on le lit dans l'allocution de ce pontife).

Le même titre, avec les insignes patriarcaux de l'Eglise d'Antioche, fut accordé par Eugène IV au patriarche David, l'an 1438.—Nicolas V et Caliste III, son successeur, envoyèrent l'un et l'autre des brefs au patriarche Jacques-Pierre, pour l'investir de la même dignité. — Léon X, par un bref spécial, recommanda à la piété d'un patriarche, aussi du nom de Simon, les catholiques dispersés sur les divers points de l'Orient. Enfin, et jusqu'à ce jour, les souverains pontifes ont accordé ce même titre de patriarche d'Antioche à Moïse Accherense, à Jean, à Georges, à Jean Buali, à Joseph Achel Accourens, à Georges Betteleni, à Etienne Edénensé et à d'autres.

Une preuve non douteuse de cette union ferme et constante de la nation maronite à la chaire de saint Pierre, résulte encore des lettres apostoliques par lesquelles Benoît XIV, de sainte mémoire, confirma le synode de la nation maronite en 1736; un passage lumineux de ces lettres témoigne de l'opinion bienveillante de plusieurs pontifes à l'égard des Maronites, et fait connaître à quel point Benoît XIV, si célèbre par sa science et par son zèle pour le catholicisme, jugeait la nation maronite digne d'éloges : « Vénérables » Frères, » y est-il dit, « patriarche, archevê» ques, évêques et autres, appartenant à l'illustre » nation maronite, qui, *depuis son origine*, a » *professé la foi orthodoxe romaine*, et *l'a con-*

» *servée intacte* au milieu des infidèles, des héré-
» tiques et des schismatiques dont elle était en-
» tourée, pour rester étroitement attachée au
» Saint Siége; votre nation n'a pas cessé de
» nous prêter l'obéissance due, de célébrer ses
» synodes, etc. »

Au consistoire du 13 juillet 1744, on remarque encore les paroles ci-après dans l'allocution du même pontife : « Nous savons, à n'en pas dou-
» ter, que les Maronites chrétiens de Syrie sont
» soumis au patriarche d'Antioche, c'est-à-dire
» les peuples qui habitent la Syrie, la Phénicie
» maritime et méditerranéenne, la Palestine,
» Chypre, l'Egypte, et autres parties de l'Orient,
» mais dont la majeure partie réside dans le
» Liban.

» Nous pensons qu'il vous est connu que, vers
» la fin du VIIe siècle, alors que l'hérésie des Mo-
» nothélites ravageait le patriarcat d'Antioche,
» les Maronites surent se soustraire à cette con-
» tagion et élurent un patriarche qui devait être
» confirmé par le souverain Pontife et recevoir
» de lui le *pallium*. Lorsque, plusieurs siècles
» plus tard, les Sarrasins, vainqueurs des
» Latins, eurent occupé Antioche, ces mêmes
» catholiques latins se réfugièrent dans le Liban
» où ils reçurent l'accueil le plus bienveillant
» de la part du patriarche des Maronites, qui
» fut investi alors par le pontife romain, Alexan-

» dre IV, de la dignité de patriarche d'Antioche, » que ses successeurs continuent à porter, quoi- » qu'ils fassent leur résidence habituelle dans » le Liban.

» *Ainsi, les Maronites furent toujours tels* » *qu'aujourd'hui entièrement catholiques, unis* » *avec le Saint Siége et pleins de respect et de* » *vénération pour le pontife romain.* »

Le même pape ajoute plus loin : « Ils sont » dignes également de tous éloges, les arche- » vêques, les évêques maronites et la nation en- » tière ; aussi nous confirmons avec plaisir ceux » qui leur ont été accordés par nos prédéces- » seurs, surtout lorsque Pie IV, dans plusieurs » de ses lettres apostoliques, affirme que tant de » milliers d'hommes, dont la nation se compose, » n'ont jamais adoré Baal; et, en effet, quoique » assiégés par des hérétiques et des schismatiques, » ils ont toujours persisté dans la foi chrétienne » de la religion catholique ; — Lorsque Clé- » ment VIII, énonçant le même sentiment, ajoute » que les Maronites de l'Eglise romaine, mère » et maîtresse de tous les fidèles, lui ont toujours » prêté obéissance ; — Lorsque Paul V dit dans » ses lettres, que les Maronites sont semblables » aux roses et que, par une grâce singulière de » Dieu, ils fleurissent, en Orient, au milieu des » épines de l'infidélité ; — Lorsqu'Urbain VIII, » dans ses lettres apostoliques, assure que l'hon-

» neur du Carmel n'a pas péri, que la gloire du » Liban n'est pas éteinte, et que le patriarche, » les évêques et les prêtres maronites respectent » l'autorité qui appartient au siége apostolique et » qui réside dans le pontife romain ; — Lors- » qu'enfin Clément XI, dans son bref aposto- » lique, dit des choses semblables en faveur » des Maronites. »

Ne sont-ce pas là autant de témoignages et de preuves irrécusables de la constance, de la fermeté inébranlable de la nation maronite dans la foi catholique, de sa ferme volonté de la conserver intacte, de son union entière et à toujours avec l'Eglise romaine, justifiant ainsi ces paroles de saint Irénée que : Les fidèles de toutes les parties du monde doivent recourir à cette Eglise à cause de sa suprême autorité ; *propter potentiorem principalitatem Ecclesiam convenire, et eos qui sunt undique fideles.*

La nation maronite, qui autrefois comptait une population de plus d'un million d'ames, n'en compte plus aujourd'hui que cinq cent vingt-cinq mille, dont quatre cent quatre-vingt deux mille ames dans le mont Liban (1), et le reste réparti à Alep, à Damas, au Caire, dans l'île de

(1) La chaîne des montagnes dont il est ici question, s'étend depuis les environs de Sidon (Saïda), à l'ouest, jusqu'à ceux de Damas, à l'est ; elle consiste en deux bran-

Chypre et en quelques autres lieux d'Afrique ou d'Asie, ainsi qu'à Constantinople, tous reconnaissant pour leur premier chef spirituel après le pape, le patriarche établi dans le mont Liban où il a trois diverses résidences. Cette population peut mettre sous les armes de cinquante à soixante mille hommes.

Indépendamment du patriarche, et sous sa juridiction, les Maronites ont neuf archevêques ou évêques diocésains : ceux d'Alep, de Damas, de Baïrout, de Saïda, d'Eopoli, de Potri-Djebaïl, d'Edèn, de Tripoli et de Chypre. Six autres n'ont pas de siéges. Deux de ceux-ci, *in partibus*, remplissent auprès du patriarche les fonctions de vicaires, l'un pour le spirituel, l'autre pour le temporel; un troisième réside à Rome, où il représente la nation auprès du souverain Pontife; les trois derniers résident dans divers couvens ou colléges du Liban. Tous ces archevêques et évêques sont nommés et consacrés par le patriarche, qui lui-même, comme patriarche maronite d'Antioche, est élu à vie par les évêques nationaux et doit être confirmé par le pape (1).

ches principales distinguées chez les écrivains sous deux noms différens; l'une à l'occident, c'est le Liban proprement dit, près de la Méditerranée; et l'Anti-Liban, à l'orient, du côté des plaines de Damas, c'est-à-dire la branche opposée au Liban.

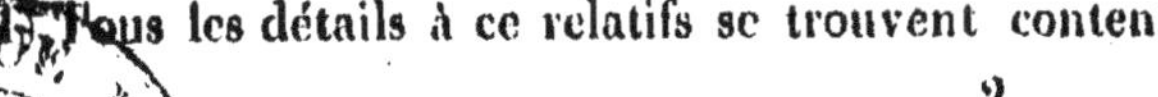

(1) Tous les détails à ce relatifs se trouvent contenus

[BIBLIOTHÈQUE ROYALE stamp]

Les monastères ou couvens maronites, tant d'hommes que de femmes, sont au nombre de quatre-vingt-deux; les premiers, au nombre de soixante-sept, comptent mille quatre cent dix religieux; les quinze autres contiennent trois cent trente religieuses; tous ces monastères ont des statuts sévères confirmés par le Saint Siége.

Le nombre des églises, en dehors des couvens, se monte à trois cent cinquante-six; elles sont desservies par mille deux cent cinq prêtres, sous l'autorité des évêques et du patriarche. Le peuple aussi reconnaît et respecte l'autorité ecclésiastique, et chacun remplit assidûment et avec piété, dans le saint temps de Pâque surtout, les devoirs de chrétien.

Quatre colléges publics entretiennent des élèves au nombre de vingt à vingt-cinq par chacun. Là sont enseignés, sans rétribution aucune, les grammaires arabe et syriaque, la philosophie, le dogmatique, la théologie, etc.; mais ceux-là seulement sont admis à étudier la théologie qui font vœu d'embrasser l'état ecclésiastique, d'obéir au patriarche et de se livrer aux missions dans la contrée. Depuis quelques années le patriarche a

dans le livre intitulé : *Synode libanais,* imprimé par les soins de la Congrégation de la Propagande, à Rome; ouvrage qui renferme les divers statuts et lois ecclésiastiques de la nation maronite, confirmés par le Saint Siége.

désigné un lieu particulier où il assemble à son choix, sous un supérieur nommé par lui, des prêtres zélés et instruits qui, toute l'année, vont prêcher de divers côtés. Ce lieu s'appelle la *mission nationale*.

Les Maronites suivent en tout point le calendrier romain, soit pour la division du temps soit pour la célébration des fêtes, hormis pour quelques-unes à eux particulières. La messe et les offices se disent en langue syriaque, à l'exception toutefois de l'évangile, de l'épître et de quelques oraisons qui, pour plus d'intelligence, se récitent en arabe, la seule langue connue du peuple, le syriaque n'étant que pour l'Eglise comme le latin chez les catholiques d'Europe. La communion est administrée avec le pain azyme, selon le rite romain ; enfin les ornemens sacerdotaux et pontificaux sont les mêmes qu'à Rome.

La première famille dans le Liban, celle en qui réside l'autorité temporelle, est la famille Chéhab maronite ; après elle vient la famille Bellamah divisée en trois branches des noms de Murad, Kadibèy et Farès. Cette famille seule peut prétendre à s'allier avec celle de Chéhab ; ensuite et au-dessous des précédentes il faut citer les familles ci-après, distinguées par le titre de Cheikh, titre qui correspond à celui de *noble* en Europe ; à savoir : Kazéno, Abaïchi, Dahdah, Koury, Dahèr, Hachèm, Abouçab et Cheikh de Jebbèt Becherry. A cette dernière famille appartient Botros Karam, bien connu en France, et dont S. A. R. le prince de Joinville a reçu l'accueil le plus distingué lors de son voyage au mont Liban, comme on le verra plus loin. Aucune de ces familles, quelque importantes qu'elles soient dans le pays, ne pourrait s'allier avec la famille Chéhab; mais rien ne s'opposerait à une alliance avec la famille Bellamah. Aucune d'elles toutefois, non plus que cette dernière, ne saurait, sans une permission spéciale, s'asseoir en présence de la famille Chéhab qui, depuis près de trois cents ans, gouverne les Maronites, ainsi que le fait comprendre avec détail la liste généalogique des princes régnans de cette contrée, faisant suite à cette notice.

Indépendamment des Maronites, on trouve encore dans le Liban une population appartenant à la nation druze établie d'abord vers Alep au commencement du XIe siècle, sous le règne du calife fatimite Hakèm, et qui plus tard, vers l'année 1300, se répandit dans le Liban, où de nos jours elle ne compte pas plus de dix-huit mille ames environ; quelques-uns de ces Druzes, pour prix de services rendus à la famille Chéhab, en ont reçu le titre de Cheikh.

Les Druzes professent l'idolâtrie; le nom qu'ils portent leur vient de l'un des premiers apôtres du calife Hakèm, appelé *Durzi*. Leur croyance est que l'homme, à sa mort, renait ou revit sous une autre forme; et persuadés que Hakèm doit reparaître parmi eux, ils l'adorent comme un Dieu sous la figure d'un veau. Les ministres de leur idole appartiennent indifféremment à l'un ou à l'autre sexe et sont appelés du nom de *sages*, en arabe *a-qel* pour les hommes et *a-qelè* pour les femmes. Certains lieux sont affectés à des assemblées de leurs *sages* auprès d'une de leurs idoles, non pour se livrer à la prière qui leur est inconnue, mais pour y traiter des affaires mystérieuses, le plus souvent relatives à de coupables actions et à des crimes; car dans sa stupide ignorance, dans son fanatisme grossier, le peuple druze, qui se met au-dessus de tous les devoirs de la religion et de la morale, se croit toute chose permise, et commande ou accomplit les plus grands forfaits sans crainte ni remords, persuadé que le secret suffit pour tout légitimer.

Le seul culte que les Druzes rendent à leur idole ou la foi qu'ils ont dans leur veau Hakèm, atteste la déplorable ignorance et l'abrutissement de ce peuple. Sa dévotion consiste en une salutation à ce dieu pour en obtenir, en manière de bénédiction, un *zébib*, ou raisin sec, dont les *sages* ont toujours le soin de lui garnir la bouche, lequel doit tomber dans un plateau placé tout auprès; opération dont est chargé le *sage* attaché à l'idole, et cela avec mystère et sans être vu, au moyen d'un cordon intérieurement fixé pour cette supercherie dans le corps même du dieu.

Le Druze est généralement paresseux et inoccupé; les travaux du labourage sont les seuls qu'il pratique; tous les métiers lui sont inconnus. A l'exception de quelques hommes, et en très-petit nombre, qui ont avec les chrétiens de plus fréquens ou de plus intimes rapports, les Druzes ne savent ni lire ni écrire; aussi ne pourraient-ils pas vivre sans les chrétiens de la contrée, familiers avec toutes les professions exercées en Europe.

Grâce au zèle et à la ferveur des prêtres et des prélats maronites, un assez grand nombre de Druzes ont déjà été convertis à la foi catholique, et il est certain que ces conversions deviendraient plus faciles et plus multipliées si la nation maronite, retrouvant la protection puissante du gouvernement français, devenait plus tranquille et plus riche.

C'est au temps des croisades que remontent, ainsi que chacun le sait, sinon les premiers rapports, du moins des relations suivies de l'Orient avec l'Europe. Dès ce moment devinrent tout naturellement plus faciles les communications des catholiques avec le Saint Siége. Les Maronites, forts de l'énergie de leurs chefs et de leur ascendant fermement établi dans ces montagnes alors inaccessibles, avaient réussi à étendre leur domination politique sur la Syrie entière. Pendant plusieurs années leurs délégués occupèrent Antioche et Alep; leur influence souveraine fut même reconnue à Jérusalem où les attirait le désir de faire respecter le saint sépulcre (1).

Lorsque, dans l'année 1249, saint Louis aborda en Chypre, déjà une colonie considérable de Maronites, au nombre d'environ cent quatre-vingt-deux mille ames, se trouvait dans l'île, et dès lors se conclut, entre la nation maronite et la France, une alliance morale dont le souvenir est resté profondément gravé dans l'esprit de ces populations. Les Maronites, en effet, devinrent le principal appui et la force réelle des princes de Lusignan, rois de Chypre, et investis même alors du titre de rois de Jérusalem.

L'archevêque de Chypre, appelé par quelques historiens patriarche de Jérusalem, faisait sa résidence à Nicosie, capitale de l'île; l'histoire a conservé les détails de l'accueil touchant et dévoué qu'il fit au roi Louis; on le voit, du haut de la terrasse de son palais, montrant au souverain français les chaînes noires et variées du Liban, et le dôme du Thabor avec sa couronne de verdure. Louis recruta pour son armée plusieurs montagnards qui, en l'invitant à visiter

(1) Voyez l'*Histoire* du célèbre Patriarche Etienne Edénensé, de Joseph Assemanni, et autres.

leur contrée, s'offrirent à l'y conduire. Ces montagnards, est-il dit, étaient comme les chevaliers du Temple : *armés de foi au dedans et de fer au dehors* (1).

On connaît la malheureuse issue de la campagne de Damiette et la défaite de Mansourah. Saint Louis eut à déplorer la perte de presque toute son armée à laquelle s'étaient joints cinq mille Maronites dont cent deux seulement survécurent : fait lui-même prisonnier, il dut payer pour sa rançon 400,000 pièces d'or, et à ce prix obtint de pouvoir gagner Saint-Jean-d'Acre où il trouva, mais trop tard, des secours en argent et en hommes, à lui envoyés par les Maronites. A son arrivée une multitude de peuple, hommes et femmes, descendit alors des montagnes, avide de voir le roi de France que, dans leur langage oriental, (employé quelquefois aussi, mais par trahison, par plusieurs princes de l'Asie,) ils appelaient *l'épée du monde, le fils de la loi et de l'Evangile.* Les historiens du temps portent à vingt-cinq mille hommes les Maronites que le prince du Liban envoya au roi Louis sous la conduite d'un de ses fils, chargés d'approvision-

(1) Le grand tort de saint Louis fut de ne pas suivre cet avis : au lieu de débarquer à Baïrout et de s'assurer les immenses ressources que lui eût offertes la Syrie, il préféra conquérir l'Égypte où il ne rencontra que des ennemis.

nemens et de présens de toutes sortes. Nous plaçons ici la lettre de ce saint roi dont le souvenir vit encore parmi les Maronites.

A l'émir des Maronites du mont Liban, ainsi qu'au patriarche et aux évêques de cette nation (1).

« Notre cœur s'est rempli de joie lorsque nous » avons vu votre fils Simon, à la tête de vingt-» cinq mille hommes, venir nous trouver de » votre part pour nous apporter l'expression de » vos sentimens et nous offrir des dons, outre » les beaux chevaux que vous nous avez envoyés. » En vérité, la sincère amitié que nous avons » commencé à ressentir avec tant d'ardeur pour » les Maronites, pendant notre séjour à Chypre, » où ils sont établis, s'est encore augmentée. Nous » sommes persuadés que cette nation, que nous » trouvons établie sous le nom de saint Maron, » est une partie de la nation française, car son » amitié pour les Français ressemble à l'amitié » que les Français se portent entre eux. En con-» séquence, il est juste que vous et tous les Ma-» ronites jouissiez de la même protection dont les

(1) Cette lettre est tirée d'un manuscrit arabe très-ancien qui fait partie des archives des Maronites : l'auteur du manuscrit dit l'avoir traduite du latin en arabe.

» Français jouissent près de nous, et que vous
» soyez admis dans les emplois comme ils le sont
» eux-mêmes. Nous vous invitons, illustre émir,
» à travailler avec zèle au bonheur des habitans
» du Liban, et à vous occuper de créer des nobles
» parmi les plus dignes d'entre vous, comme il
» est d'usage de le faire en France. Et vous, sei-
» gneur patriarche, seigneurs évêques, tout le
» clergé, et vous, peuple maronite, ainsi que
» votre noble émir, nous voyons avec une grande
» satisfaction votre ferme attachement à la reli-
» gion catholique et votre respect pour le chef
» de l'Eglise, successeur de saint Pierre à Rome;
» nous vous engageons à conserver ce respect et
» à rester toujours inébranlables dans votre foi.
» Quant à nous et à ceux qui nous succéderont
» sur le trône de France, nous promettons de
» vous donner, à vous et à votre peuple, pro-
» tection, comme aux Français eux-mêmes, et
» de faire constamment ce qui sera nécessaire
» pour votre bonheur.

» Donné près Saint-Jean-d'Acre, le vingt-et-
» unième jour de mai, douze cent cinquante, et
» de notre règne le vingt-quatrième. »

Plus tard le commerce de la soie appela des Maronites en France, où, héritiers des sentimens de leurs pères, ils manifestèrent leur attachement et leur dévouement pour le pays et ses souverains. Sous les Valois, dans la personne de François Ier; sous les Bourbons, dans celle d'Henri IV, et surtout de Louis XIV et de Louis XV, ces démonstrations d'attachement furent plus intimes, et, de la part de la France, une protection plus immédiate fut assurée aux Maronites, comme il résulte des lettres originales ci-après de ces deux souverains :

Lettres de protection accordées au Révérendissime Patriarche d'Antioche et à la nation des Maronites, par le roi de France Louis XIV.

Du 28 avril 1649.

« Louis, par la grâce de Dieu roy de France » et de Navarre : A tous ceux qui ces présentes » lettres verront : Salut. Sçavoir faisons : Que » par l'advis de la reyne régente notre très ho- » norée dame et mère, qu'ayant pris et mis, » comme nous prenons et mettons par ces pré- » sentes signées de notre main, en notre protec- » tion et sauvegarde spéciale, le reverendissime » patriarche, et tous les prélats, ecclesiastiques » et séculiers, Chrétiens Maronites, qui ha- » bitent particulièrement dans le mont Liban : » nous voulons qu'ils en ressentent l'effet en » toutes occurrences, et pour cette fin, nous man-

» dons à notre amé et féal le sieur de La Haye-
» nentelay, conseiller en nos conseils et notre
» ambassadeur en Levant, et à tous ceux qui lui
» succéderont en cet emploi, de les favoriser,
« conjoinctement ou séparément, de leurs soins,
» offices, instances et protection, tanț à la Porte
» de notre très cher et parfait ami le Grand-Sei-
» gneur, que partout ailleurs que besoin sera, en
» sorte qu'il ne leur soit fait aucun mauvais trai-
» ment, mais au contraire qu'ils puissent libre-
» ment continuer leurs exercices et fonctions spi-
» rituelles. Enjoignons aux consuls et vice-consuls
» de la nation françoise établis dans les ports et
» échelles du Levant, ou autres arborans la ba-
» nière de France, présents et à venir, de favo-
» riser de tout leur pouvoir ledit sieur patriar-
» che et tous lesdits Chrétiens Maronites dudit
» mont Liban, et de faire embarquer sur les vais-
» seaux françois ou autres, les jeunes hommes et
» tous autres Chrétiens Maronites qui y voudront
» passer en Chrétienté, soit pour y étudier ou
» pour quelqu'autre affaire, sans prendre ni exi-
» ger d'eux que les nolis qu'ils leur pourront
» donner, les traitant avec toute la douceur et
» charité possible. Prions et requerons les il-
» lustres et magnifiques seigneurs les bachats et
» officiers de Sa Hautesse, de favoriser et assister
» le sieur archevêque de Tripoly, et tous les pré-
» lats et Chrétiens maronites, offrant de notre

» part de faire le semblable pour tous ceux qui » nous seront recommandés de la leur. Donné à » Saint-Germain en Laye, le vingt-huitième jour » d'avril mil six cent quarante-neuf, et de notre « regne le sixième.

» *Signé* LOUIS.

» Par le roy, la reyne régente sa mère présente,

Loco Sigilli. DE LOMÉNIE. »

Lettres de protection accordées au Révérendissime Patriarche d'Antioche et à la nation des Maronites, par l'empereur et roy très-chrétien Louis XV.

Du 12 avril 1737.

« Louis, par la grace de Dieu, empereur et » roy très-chrétien de France et de Navarre. A » tous ceux qui ces présentes lettres verront : » Salut. Le patriarche d'Antioche et les Chré- » tiens Maronites établis au mont Liban nous » ont fait représenter que, depuis un temps in- » fini, leur nation est dessous la protection des » empereurs et rois de France nos glorieux pré- » décesseurs, dont ils ont ressenti les effets en » toutes occasions. Et ils nous ont très-humble- » ment fait supplier de vouloir bien leur accorder

» nos lettres de protection et sauve-garde, à » l'exemple du feu roy notre très-honoré sei» gneur et bisayeul, qui leur en fit expédier de » pareilles le vingt-huit avril mil six cent qua» rante-neuf. Et voulant de notre part traiter » favorablement les exposans : pour ces causes » et autres bonnes considérations, à ce Nous mou» vans : nous les avons pris et mis, comme par » ces présentes signées de notre main, nous les » prenons et mettons en notre protection et sauve» garde; nous voulons qu'ils en ressentent les » effets en toutes occurrences; et pour cette fin, » nous mandons à nos amez et feaux conseillers » en nos conseils, nos ambassadeurs à Constan» tinople, consuls et vice-consuls de la nation » française établis dans les ports et échelles du » Levant, présens et à venir, de favoriser de » leurs soins, offices et protection, le dit sieur » patriarche d'Antioche, et tous les dits Chrétiens » maronites du mont Liban, partout où besoin » sera, en sorte qu'il ne leur soit fait aucun mau» vais traitement, et qu'ils puissent au contraire » continuer librement leurs exercices et fonctions » spirituelles; car tel est notre plaisir. Prions et » requérons le grand empereur des Musulmans, » notre très-cher et parfait ami, et les illustres » bachats et officiers de Sa Hautesse, de favoriser » et assister de leur protection ledit sieur pa» triarche d'Antioche et tous lesdits Chrétiens

» maronites, offrant de faire le semblable pour
» tous ceux qui nous seront recommandez de
» leur part. En témoin de quoi nous avons fait
» mettre notre scel à ces dites présentes. Données
» en notre château impérial de Versailles, le
» douzième jour d'avril, l'an de grâce mil sept
» cent trente-sept, et de notre règne le vingt-
» deuxième.

Signé LOUIS. »

Et sur le repli est écrit :

« Par l'empereur roy : *Signé*, AMELOT. »

Une circonstance qui témoigne encore de l'intimité des rapports établis entre la nation maronite et le gouvernement de France, et de la confiance que celui-ci lui accordait, c'est que, depuis le temps de Louis XIV jusqu'à Bonaparte, les consuls français à Baïrout ont toujours été de la nation maronite, choisis constamment dans l'une des deux familles Cazéno et Koury. C'est un de ces consuls, appelé Gandour Koury, en même temps ministre du prince Joseph Chéhab, qui, invité avec son maître à une conférence au palais de Djezzar Pacha, fut comme lui pendu à la porte de Saint-Jean d'Acre, par ordre de ce traître et en haine du nom français.

Ces consuls maronites, le gouvernement français ne l'ignore pas, ne recevaient de la France qu'ils représentaient, ni faveurs ni traitement, et jamais leur zèle, jamais leur dévouement ne se sont ralentis. Alors, dans leur contrée, les bâtimens et les voyageurs français étaient accueillis avec empressement et distinction, avec une franche et cordiale hospitalité; l'arrivée d'un de ces navires était saluée avec joie et bonheur, son drapeau national flottait sur les couvens, sur les séminaires et sur les colléges; le Liban enfin, comme une autre terre française, était libre et d'accès facile aux sujets ou protégés du roi de France à l'égal des Maronites. Loin d'inquiéter ceux-ci, les Turcs reconnaissaient hautement la protection de la France, et dans leurs lettres ou réponses aux Maronites, cette formule était par eux constamment usitée : « A la nation maronite-franque, aux » Maronites-Francs (1). »

(1) On sait que le nom de *franc*, aujourd'hui employé en Orient comme équivalent du mot *Européen*, était dans le principe la traduction du nom *Français*, souvent à cette époque écrit en latin *Francus*, et c'est en conséquence de cette appellation que les Maronites avaient leur culte libre dans toutes les villes soumises aux Musulmans aussi bien que dans leurs montagnes, à l'égal des églises françaises et à la différence des autres nations orientales catholiques qui ne pouvaient célébrer leur culte publiquement.

C'est peu après l'assassinat du consul Gandour Koury et du prince Joseph Chéhab, que le cruel Djezzar, dans l'espoir de s'emparer du Liban, envoya vers la montagne une armée de quarante-deux mille hommes environ, que défirent les Libanais venus à sa rencontre. De nouvelles troupes furent successivement battues, et après trois années d'une lutte infructueuse, Djezzar prit le parti d'adresser une lettre à l'émir Béchir (le même qui est aujourd'hui à Constantinople), pour faire avec lui la paix et l'assurer de son amitié. Djezzar mourut sans avoir pu réaliser un projet que dans le cœur il n'a jamais abandonné, celui de s'emparer de ces montagnes.

A Djezzar succéda Soliman-Pacha qui vécut nombre d'années à Saint-Jean-d'Acre. Sous son administration toute pacifique et juste, la Syrie put goûter une entière tranquillité; il mourut estimé et regretté de tous.

Abdallah-Pacha lui fut donné pour successeur, homme ambitieux et dur qui, comme Djezzar, mit tout en œuvre, présens, menaces, ruses, mais inutilement, pour soumettre ou se faire concéder le Liban. Il avait les vices de Djezzar, mais il n'avait pas ses talens.

C'est sous l'administration de ce pacha que l'armée de Méhémet-Ali, commandée par Ibrahim-Pacha, son fils, s'empara de la Syrie. Ce prince ayant fait Abdallah prisonnier, en devint le successeur. Aussi ambitieux, mais plus habile et plus réfléchi que ses devanciers, Ibrahim n'eut qu'un but pour faciliter l'exécution de ses projets sur le Liban, l'exclusion de la famille Chéhab. Toutefois il ne tarda pas à abandonner cette idée, pénétré de l'influence de ce chef sur les Maronites, et prévoyant les inquiétudes, les mouvemens continuels qui seraient la suite d'un acte pareil. Ibrahim, comme on le sait, dut évacuer la Syrie en 1840. Nous raconterons dans une histoire complète déjà écrite en ce moment, les événemens, jour par jour, les manœuvres de toute sorte employées depuis ce temps jusqu'à celui où nous la publierons, relativement à ces malheureuses contrées.

Nous serons heureux surtout d'y mentionner particulièrement les noms honorables de ceux, qui, dans ces diverses circonstances, ont donné à la nation maronite des preuves de sympathie ou d'assistance, et de ceux encore dont le devouement lui est assuré.

Qu'il nous soit permis cependant, à nous qui venons parler de notre hospitalité, et qui avons reçu un accueil si bienveillant sur cette terre française, seconde patrie des Maronites, de nommer ici, par anticipation, une des belles, des nobles fondations du monde catholique : ce séminaire des *Missions-Étrangères*, d'où sortent chaque année des prêtres modestes et dévoués, qui avec un zèle que rien ne peut lasser, vont à travers mille dangers, en vue souvent du martyre, prêcher à l'infidèle, jusqu'aux extrémités du monde, la sainte religion de Jésus-Christ, et rendent ainsi, par leurs vertus et leur dévouement, le nom français si recommandable et si glorieux.

Nous ne pourrions exprimer avec quelle générosité messieurs les Supérieur et Directeurs de cet établissement nous ont accueilli pendant notre long séjour dans cette capitale. Qu'ils veuillent bien agréer ici les nouveaux témoignages de notre vive reconnaissance. Nous sommes heureux d'avoir pu apprécier leur mansuétude, leur bon accord de chaque instant, et la pratique constante des vertus qui les rendent si dignes de leur belle vocation. Heureuses les contrées qui reçoivent et savent apprécier ces pieux missionnaires ! Heureux mille fois le pays qui possède et sait encourager un si beau, un si utile établissement.

Ce dévouement de la nation maronite envers la France, est attesté encore par la conduite qu'elle tint envers Bonaparte, que pourtant elle regardait comme l'ennemi de l'Eglise. Lorsque ce général arriva à Saint-Jean-d'Acre, il manqua un moment de provisions de bouche, et allait se trouver dans un cruel embarras si les Maronites ne lui eussent apporté des vivres; « C'est » pour nos frères les Français que nous sommes » envoyés, disaient-ils, et non pour vous qui

» persécutez l'Eglise catholique romaine. » Bonaparte leur députa le lendemain son secrétaire interprète, le chevalier Amédée Jaubert (aujourd'hui pair de France), chargé de leur témoigner ses remercîmens, et de leur traduire ces propres paroles : « Je reconnais que les Maronites sont » Français de temps immémorial; moi aussi » je suis *catholique romain;* vous verrez que » par moi l'Eglise triomphera et s'étendra au » loin. »

En 1826 encore, alors que la guerre des Turcs avec les Grecs dictait aux premiers, par la bouche du pacha de Saint-Jean-d'Acre, l'ordre barbare à l'émir Béchir-Chéhab, de n'admettre et souffrir dans le Liban aucun des Français, consuls et autres, qui se trouvaient en Syrie, ces mêmes Français n'y furent-ils pas au contraire accueillis avec empressement? n'y reçurent-ils pas l'hospitalité la plus cordiale?

Tout nouvellement enfin, qui ne se rappelle la visite qu'un des fils du roi de France actuel, M. le prince de Joinville, fit en Syrie en 1836, et l'accueil qu'il y reçut! Débarqué à Tripoli, le prince se hâta de gagner Edèn pour admirer les fameux cèdres du Liban. Arrivé de nuit, il y trouva une multitude de Maronites, hommes et femmes, accourus pour le voir, et qui mêlés à la population locale, depuis le soir déjà l'attendant avec des fanaux, le saluèrent avec leur musique et aux cris universellement répétés de *vive le fils de notre roi!* Le cheikh maronite Botros-Karam étant venu à sa rencontre, convia le prince de se rendre à sa demeure où un souper avait été préparé. Son Altesse y passa la nuit, et le lendemain à peine éveillée, elle reçut la visite de l'évêque-vicaire et du secrétaire du patriarche chargés de l'accompagner jusqu'aux fameux cèdres, à trois ou quatre heures d'Edèn où l'attendait le haut prélat. Là, sous un de ces antiques cèdres, un déjeuné fut offert au prince pendant lequel furent renouvelées à plusieurs reprises, de la part du patriarche au nom de la nation maronite, les assurances les plus formelles d'amitié et de dévouement, et de la part du prince français celles d'une reconnaissance et d'une protection entière. Désolé de ne pouvoir se rendre au palais du patriarche, le prince retourna le soir même à Edèn accompagné des acclamations et des bénédictions du peuple.

Le jour suivant, se célébraient, dans l'église Saint-Georges d'Edèn, les noces d'une des filles de Botros-Karam avec un de ses parens ; le prince de Joinville daigna y figurer comme témoin, fit des présens aux deux époux, et se remit en route pour Tripoli, escorté du cheikh Botros, de ses fils et des chefs de la contrée, tous ravis et glorieux de l'affabilité et de la grâce d'un prince dont ils aiment à redire le nom et à se rappeler la présence.

Un mois s'était à peine écoulé, qu'Ibrahim-Pacha, sous prétexte d'y venir rétablir sa santé, reparut à Edèn où le prince français avait reçu un si brillant accueil, et frappé du calme, du peu d'empressement de la population, il ne put s'empêcher d'en témoigner son étonnement : « Pourquoi donc, disait-il, me recevez-vous avec » ce calme et ce silence, vous qui avez fait » au prince de Joinville tant d'honneurs et de » fêtes ? » — « C'est que nous sommes Fran» çais, lui fut-il répondu, et nous fêtions un » prince français, notre protecteur. » Le pacha prit le parti de rire, et ne prolongea pas son séjour à Edèn.

Les bornes de cette Notice ne nous permettent pas de nommer ici les hommes honorables de tout rang qui, depuis ce prince ou dès avant son arrivée, sont venus de France dans nos montagnes, où ils ont chacun en particulier recommandé la nation française. Ces détails, qui nous entraîneraient trop loin, se trouveront en entier dans l'ouvrage complet annoncé plus haut.

Malheureusement pour la nation maronite, les événemens de ces quatre dernières années ont pesé sur elle d'une manière cruelle, et si le cœur de ces anciens protégés de la France n'en a pas été changé, leur position est devenue telle qu'il ne leur reste plus aujourd'hui que bienveillance à offrir, que vœux à former, lorsqu'un voyageur de cette nation amie vient visiter leur contrée. Pour qui a connu et se rappelle ces marques si abondantes et si généreuses de leur vieille hospitalité, ce qu'ils font aujourd'hui est bien peu, sans doute; mais pour qui les a suivis à travers tous leurs maux, tous leurs tourmens, toutes ces phases de leur adversité, c'est beaucoup encore, c'est plus peut-être, eu égard aux nouvelles circonstances; ils ressemblent à cette veuve dont parle Jésus-Christ, « *laquelle avait donné plus » que tous autres, puisque son denier était tout » ce qu'elle possédait.* »

Quel changement, en effet, les quatre dernières années ont suffi à opérer dans cette contrée! Journellement insultée par l'infidèle, accablée des outrages les plus cruels, des humiliations les plus révoltantes, privée de ses princes protecteurs dont elle ne cesse de solliciter le retour, la nation maronite a cru voir revivre ces temps de persécution, de triste, d'horrible mémoire; nombre de ses fils arrachés à leur pays, gémissent au milieu des infidèles, dans l'oppression et dans l'esclavage, heureux si, dans leurs peines et dans leurs tortures, ils restent fidèles à la vraie foi, à la religion de leurs frères! Vingt-deux couvens incendiés, soixante-cinq églises saccagées, des religieux, hommes et femmes, des prêtres massacrés en grand nombre; les ornemens du culte pillés et mis en pièces, plus de vingt mille maisons détruites de fond en comble; telles sont les affreuses désolations qui ont marqué ces dernières années, tel est le cruel et douloureux tableau qu'offre aujourd'hui une contrée naguère encore tranquille, sinon heureuse, et qui aimait à fonder dans le puissant gouvernement de France tant de confiance et d'espoir!

Et pourtant, depuis le saint roi Louis, les titres les plus authentiques assurent à la nation maronite une formelle protection; et de temps immémorial, et maintenant encore, les consuls français, distingués dans les églises maronites par une place réservée, assistent à la messe en costume officiel, soutenant leur épée nue à la lecture de l'évangile en signe de protection, et renouvelant ainsi, par cette seule cérémonie, l'engagement tant de fois pris par la France, de faire respecter la religion, les églises et les populations chrétiennes de ces contrées.

Sans doute, et malgré toutes ses souffrances, la nation maronite n'est ni sans force ni sans courage, et n'eût-elle que celui du désespoir, si la France ne la devait plus protéger que de ses vœux, elle n'hésiterait pas encore à lutter contre ses oppresseurs, à défendre sa foi contre le despotisme, contre la haine de l'infidèle. Tout homme alors deviendrait soldat, tout chrétien de ces montagnes serait glorieux de verser pour sa religion sainte jusqu'à la dernière goutte de son sang, préférant la mort à l'humiliation, le martyre à l'esclavage. Mais la France, nous l'espérons, ne restera pas indifférente à nos peines, sourde à nos plaintes et à nos prières; à plus d'un titre elle doit aux chrétiens maronites son efficace et puissante protection. Comme catholique, pourrait-elle voir opprimer, égorger de sang-froid ses frères en Jésus-Christ? Comme grande puissance, n'est-elle pas engagée par les assurances les plus formelles, par les traités, par les lettres de ses rois? La reconnaissance ne suffirait-elle pas à lui faire un devoir de cette protection? Ne se souviendrait-elle plus de la conduite en tout temps si respectueuse, si dévouée, des Maronites envers elle, de l'accueil si distingué fait à ses sujets, de l'hospitalité toujours offerte avec tant d'empressement et de désintéressement à ses voyageurs, au risque souvent des plus grands dangers; du soin qu'elle a pris enfin de répandre, d'exalter partout en Orient la gloire de son nom, la grandeur de son peuple, la piété de ses rois?

Non, nous n'aurons pas en vain exhalé nos plaintes, exposé nos griefs au puissant gouvernement de France, et c'est avec bonheur que nous avons entendu son ministre, dans une des dernières séances de la Chambre (28 mai), renouveler à la face du pays l'engagement déjà pris envers nous de soutenir les catholiques de Syrie, et de tout mettre en usage pour rendre aux Maronites du Liban le gouvernement qu'ils ont perdu et qu'ils appellent de tous leurs vœux.

Alors une ère nouvelle aura commencé pour nous; alors le nom français sera plus que jamais exalté et béni dans nos montagnes.

Après avoir brièvement exposé les rapports intimes de la nation Maronite avec la France, et la protection constante à elle accordée par tant d'augustes souverains d'heureuse mémoire, après avoir parlé des souffrances et de la pauvreté de notre nation, française par les sentimens comme par la religion, qu'il nous soit permis de nous adresser ici à la charité, cette vertu si bien comprise, si noblement pratiquée en France. Puisse notre recommandation être profitable à nos compatriotes! Puissent nos vœux être exaucés! Dieu, nous l'espérons, rendra le double à qui donnera, et les prières de tous appelleront chaque jour les grâces et les bénédictions du ciel sur eux et sur la France entière.

GÉNÉALOGIE

DES PRINCES DU LIBAN.

Depuis six cents ans, la famille princière *Mahen* gouvernait les provinces du Liban, et la famille Chéhab régissait les deux provinces contiguës, Haspaïa et Rascïa (de ce côté du Liban). Ces deux familles étaient entre elles unies par le sang.

Le dernier prince de la famille Mahen, nommé Ahmed, fils de l'émir Jones et neveu du célèbre émir Faker-Aldin, avait une sœur et une fille qui toutes deux s'allièrent par mariage à deux princes de la famille Chéhab.

L'émir Ahmed étant en danger de mort, disposa par testament que, en cas de mort du seul enfant mâle qui lui restait, la principauté du Liban devrait passer à son neveu *ex filiâ*, l'émir Aïdar Chéhab.

Ledit émir Ahmed étant venu à mourir, et après lui son fils unique, l'émir Aïdar Chéhab, neveu du susdit Ahmed, lui succédait; cependant, attendu sa minorité, la régence du Liban fut confiée à l'émir Béchir Chéhab, neveu *ex sorore* de l'émir Ahmed, et tuteur de sa pupille.

Après neuf années de régence, l'émir Béchir Chéhab étant décédé, l'émir Aïdar, devenu majeur, prit les rênes du gouvernement qu'il conserva pendant au moins vingt-quatre ans. Devenu vieux et soutenant mal une pareille charge, il renonça à la principauté en faveur de l'émir Melkèm Chéhab son fils, qui, après la mort de son père, continua à gouverner ces peuples pendant vingt-cinq autres années.

A l'émir Melkèm Chéhab succédèrent les deux princes Ahmed et Mansour Chéhab qui gouvernèrent le pays deux années ensemble; après eux, le gouvernement entier du Liban échut à l'émir Mansour Chéhab et dura en lui l'espace d'environ dix-sept ans.

A la mort de l'émir Mansour, cette principauté fut dévolue à l'émir Joseph Chéhab qui la posséda pendant dix-huit années entières.

Après l'émir Joseph Chéhab, l'émir Béchir, actuellement à Constantinople, fut investi du gouvernement du Liban, qui se consolida en sa personne pendant cinquante-quatre années.

Les tribus des Maronites s'établirent en Syrie dès la fin du IVe siècle, c'est-à-dire il y a mille quatre cent trente-deux ans, et presque tous fixèrent leur demeure dans le Liban.

Les Druzes s'étendaient presque tous de *Djebel-el-âla* (montagne haute) vers Alep. En 1300 ils habitaient Houran, près Damas, et c'est en 1400 seulement qu'ils se décidèrent à s'établir dans le Liban. Là ils prêtèrent leurs services aux princes qui tolérèrent leur résidence dans la montagne.

Les familles princières, tant de Mahen que de Chéhab, sont, de temps ancien, contemporaines, et il y a cent ans encore que les princes du Liban n'étaient chargés d'aucun tribut envers la Sublime-Porte. C'est à cette époque seulement que la famille Chéhab, pour éviter tous tourmens et vexations de la part des Turcs, a commencé à s'y soumettre et à payer au pacha de Saïda un tribut annuel de cent trente bourses.

Néanmoins, quant au mode de gouverner, les princes Chéhab, comme les princes Mahen, se maintinrent toujours indépendans, leur autorité et leur empire furent constamment absolus envers leurs sujets.

TABLEAU DES NATIONS DIVERSES

QUI HABITENT LE MONT LIBAN.

Nous avons cru utile de joindre à cette Notice sur le mont Liban les détails qui suivent, relativement aux populations qui le composent, à savoir :

MARONITES, quatre cent quatre-vingt-deux mille cinq cents ames.

Quatre-vingt-deux monastères ou couvens, tant d'hommes que de femmes, comprenant mille quatre cent dix religieux et trois cent trente religieuses.

Quatre colléges publics, de chacun vingt à trente élèves.

Une maison de Missionnaires nationaux.

Un patriarche, premier chef spirituel, après le souverain pontife, non-seulement des Maronites au Liban, mais des Maronites en quelque lieu qu'ils se trouvent;

Quinze archevêques et évêques.

Douze cent cinq prêtres.

GRECS MELCHITES CATHOLIQUES, six à sept mille.

Douze couvens tant d'hommes que de femmes, comprenant chacun de quatre à trente personnes environ.

Un collége.

SYRIENS CATHOLIQUES, deux couvens d'hommes, de un à huit. — Point de nation.

ARMÉNIENS CATHOLIQUES, trois couvens d'hommes de deux jusqu'à trente. — Point de nation.

Les trois patriarches, Grec melchite, Syrien et Arménien, s'établirent au Liban sous la protection et l'assistance des Maronites, et jusqu'au temps de la prise de possession de la Syrie par Méhémet-Ali, il leur était interdit de sortir de la montagne. C'est seulement sous le gouvernement de ce pacha, vers 1833, qu'ils eurent la liberté de s'établir où il leur plut, de construire ailleurs des églises, d'étendre enfin leur culte dans d'autres lieux de la contrée. Envers ceux-ci, comme envers tous les Européens, la nation maronite s'est montrée constamment zélée et hospitalière; et là où ces catholiques melchites et autres n'avaient point d'églises, comme à Damas et à Alep, elle a toujours été empressée de mettre à leur disposition ses temples et son clergé.

GRECS NON-UNIS, sept mille.

Cinq couvens, contenant chacun de un à huit religieux.

DRUZES, dix-huit mille ames;

TURCS, environ cent individus dispersés sur divers points;

MOUTUALIS (secte particulière de musulmans), à peu près huit cents ames.

Indépendamment de cette population indigène, on compte encore au mont Liban les établissemens européens ci-dessous, à savoir :

Deux maisons de LAZARISTES ;
Deux maisons de JÉSUITES ;
Un couvent de FRANCISCAINS ;
Deux couvens de CAPUCINS ;
Un couvent de CARMÉLITES.

Ces divers couvens ou maisons ne comprennent guère que de un à six religieux chacun (1).

Aperçu comparatif et proportionnel des populations du mont Liban.

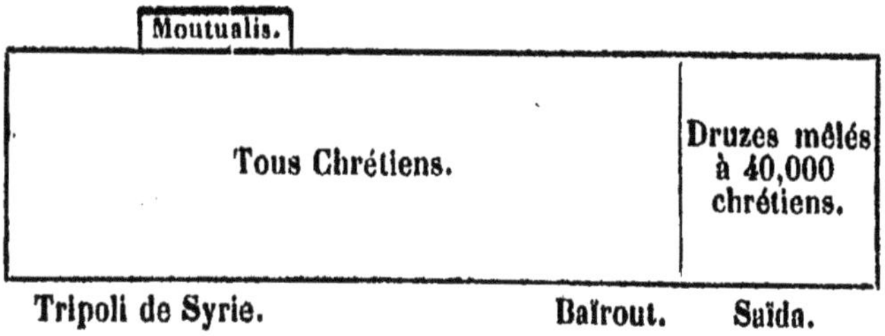

Moutualis.

Tous Chrétiens.	Druzes mêlés à 40,000 chrétiens.

Tripoli de Syrie. Baïrout. Saïda.

(1) Tous ces couvens européens, de même que les monastères syriens et arméniens, et quelques-uns des Grecs melchites catholiques, ont été concédés gratuitement, quant aux terrains, par les Maronites qui, en outre, ont aidé et facilité les constructions, ainsi qu'il est établi par des titres officiels.

PARIS. — IMPRIMERIE D'ADRIEN LE CLERE ET Cie,
RUE CASSETTE, 29.

BIBLIOTHÈQUE ROYALE

www.ingramcontent.com/pod-product-compliance
Ingram Content Group UK Ltd.
Pitfield, Milton Keynes, MK11 3LW, UK
UKHW022145190726
13855UKWH00003B/1345

9 782013 370905